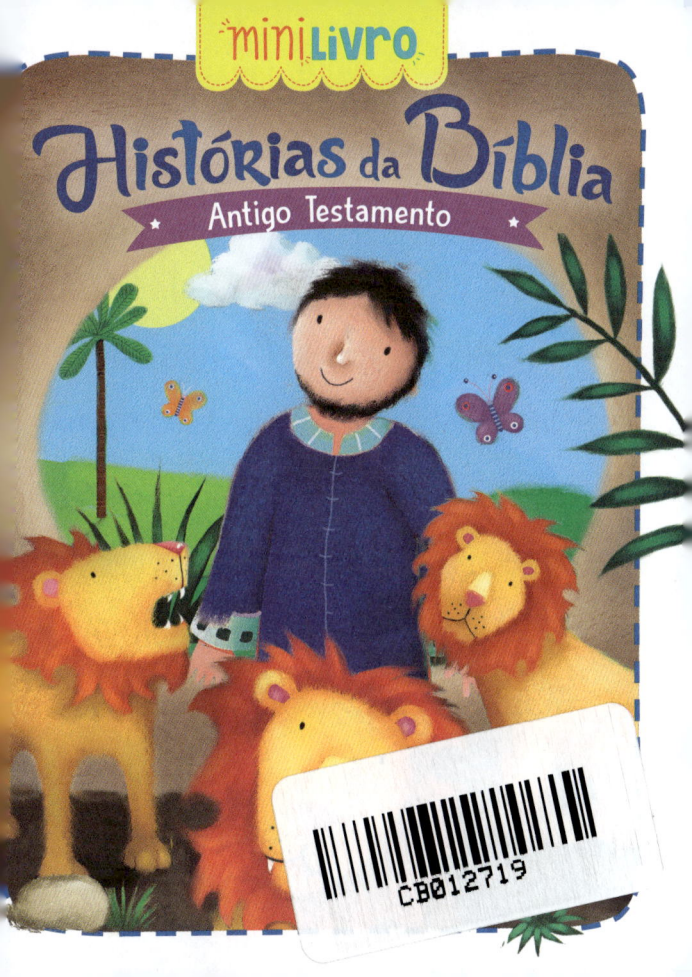

miniLivro

Histórias da Bíblia

Antigo Testamento

DEUS PEDIU PARA NOÉ CONSTRUIR UMA GRANDE ARCA. QUANDO ESTAVA PRONTA, ENTRARAM NELA CASAIS DE TODOS OS TIPOS DE ANIMAIS. DEUS FECHOU A PORTA DA ARCA E **CHOVEU POR VÁRIOS DIAS.** O MUNDO TODO SE TORNOU UM GRANDE RIO. QUANDO **A CHUVA ACABOU** E AS ÁGUAS BAIXARAM, TODOS SAÍRAM DA ARCA. **NOÉ** FICOU MUITO **FELIZ** E **AGRADECEU A DEUS.**

A FILHA DO FARAÓ ENCONTROU UM BEBÊ EM UM CESTO NO RIO E O CHAMOU DE **MOISÉS**. O BEBÊ PERTENCIA AOS HEBREUS, POVO ESCRAVO DO FARAÓ. QUANDO MOISÉS CRESCEU, **DEUS LHE PEDIU QUE LIBERTASSE OS HEBREUS DO EGITO**. ASSIM, **MOISÉS GUIOU O POVO HEBREU** EM UMA LONGA VIAGEM, SEGUINDO AS PALAVRAS DE DEUS.

DANIEL ERA MUITO ABENÇOADO POR DEUS E SE TORNOU UM DOS GOVERNADORES DO LUGAR ONDE VIVIA. ALGUNS HOMENS NÃO GOSTAVAM DELE, E ARMARAM UMA CILADA. POR CAUSA DISSO, ELE FOI LANÇADO NA COVA DOS LEÕES. SABENDO QUE DANIEL NÃO HAVIA FEITO NADA DE ERRADO, DEUS MANDOU UM ANJO FECHAR A BOCA DOS ANIMAIS, QUE NÃO FIZERAM MAL ALGUM AO JOVEM.

O PROFETA ELIAS ERA UM HOMEM BOM E QUERIDO POR DEUS, MAS HAVIA PESSOAS QUE NÃO GOSTAVAM DELE. POR ISSO, DEUS LHE DISSE PARA IR EMBORA DA CIDADE. QUANDO ELIAS SE ACOMODOU À BEIRA DE UM RIACHO, DEUS DISSE PARA ALGUNS CORVOS LEVAREM PÃO E CARNE PARA O PROFETA. ASSIM, ELIAS PÔDE SE ALIMENTAR POR MUITOS DIAS.

JONAS ERA UM PROFETA DE DEUS, MAS **DESOBEDECEU AO SENHOR** E TENTOU FUGIR DELE DE BARCO. ENTÃO, **FOI JOGADO AO MAR E ENGOLIDO POR UM GRANDE PEIXE.** DENTRO DA BARRIGA DO ANIMAL, **ELE SE ARREPENDEU** DO QUE TINHA FEITO. ASSIM, DEPOIS DE TRÊS DIAS, **O PEIXE LANÇOU JONAS EM TERRA FIRME.** ENTÃO, JONAS FEZ O QUE DEUS HAVIA PEDIDO.

ATIVIDADE

LIGUE AS DUPLAS DE ANIMAIS PARA ENTRAREM NA ARCA.

ATIVIDADE

COMPLETE PARA FORMAR QUEM PROTEGEU DANIEL DOS LEÕES.

ATIVIDADE

MOSTRE O CAMINHO PARA
O CORVO CHEGAR ATÉ ELIAS.

ATIVIDADE

QUAL MEIO DE TRANSPORTE
JONAS USOU PARA FUGIR?

CARRO

BICICLETA

BARCO

RESPOSTAS

PÁGINA 12

PÁGINA 13

PÁGINA 14

PÁGINA 15